AF193492

JOSÉ ANTONIO PAGOLA

PASTORAL  RENOVADA

ENVEJECER CON DIGNIDAD

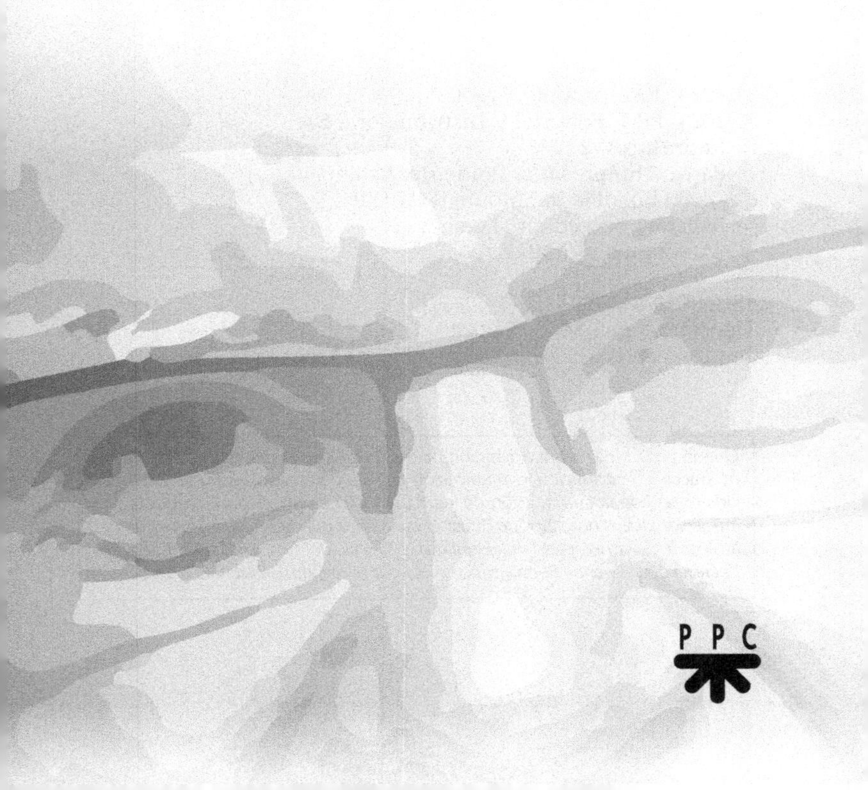

PPC

© 2024, José Antonio Pagola
© 2024, PPC, Editorial y Distribuidora, SA
   Impresores, 2
   Parque Empresarial Prado del Espino
   28660 Boadilla del Monte (Madrid)
   ppcedit@ppc-editorial.com
   www.ppc-editorial.com

ISBN 978-84-288-4150-4
Depósito legal: M-7172-2024
Impreso en la UE / *Printed in EU*

Introducción

Se pueden describir de manera variada los diferentes objetivos del Movimiento de Apostolado Seglar de Vida Ascendente, pero nadie duda de que los grupos de jubilados y mayores de Vida Ascendente han de ser un lugar donde los mayores aprendan a envejecer con dignidad, enraizados en su fe cristiana y en el seguimiento fiel a Jesucristo.

Mi objetivo es trazar algunas claves básicas para envejecer con dignidad humana y cristiana. En concreto, después de algunas observaciones introductorias, expondré los siguientes aspectos:

- Caminar en la verdad.
- Crecer en vida cristiana.
- Vivir del perdón de Dios.
- Envejecer dando gracias.
- Vivir de manera sana los últimos años.
- Culminar la vida enraizados en la esperanza.

Todos sabemos qué es envejecer. Incluso lo podemos vivir en nuestro propio ser. Con el paso de los años se van produciendo en la persona un conjunto de transformaciones que la van conduciendo a una nueva situación. La persona se va haciendo mayor. El envejecimiento es una evolución progresiva, lenta, pero irreversible, que afecta a todos los vivientes y termina inevitablemente en la muerte.

Nadie puede escapar al envejecimiento, pero cada persona envejece a su manera. Por eso hay muchas maneras de envejecer y vivir esta última etapa de la vida. Ciertamente, hay factores que no dependen de nosotros: no podemos detener el deterioro de la edad, las limitaciones físicas, los cambios de orden mental y psíquico, las consecuencias de orden laboral. Pero hay factores que dependen, en buena parte, de nuestro estilo de vivir y de reaccionar. Se envejece como se vive.

Por eso hay mil modos de ser mayor. Está el anciano irritable y el paciente; el solitario y el comunicativo; el pesimista y el optimista; el receloso y el confiado; el egoísta y el generoso; el que se hunde en la propia culpa o el que confía en el perdón de Dios. Se puede envejecer con dignidad o de manera indigna.

Lo lamentable es que, por lo general, nadie nos prepara para vivir esta fase de la vida. La persona mayor va llegando a una situación nueva sin preparación, sin guías ni orientación suficiente. De ahí la importancia de Vida Ascendente y de grupos cristianos de mayores donde las personas se puedan ayudar y acompañar para vivir esta etapa de la vida que tiene sus problemas y dificultades, pero que también ofrece grandes posibilidades.

En concreto, la persona mayor tiene la posibilidad de culminar su vida dándole su sentido último y su orientación definitiva. Todos los capítulos del libro de la vida son importantes, pero ninguno lo es tanto como el último.

Desde esta perspectiva, cambia totalmente la visión y la vivencia de la vejez. Llegar a mayor no es una desgracia sino un regalo. La última etapa de la vida es un tiempo de gracia para culminar nuestra vida de manera digna y responsable. Es una etapa decisiva de nuestra vida en la que podremos contar con la presencia y la compañía amorosa de Dios:

"Hasta nuestra vejez, yo seré el mismo;
hasta las canas, yo os sostendré;
yo lo he hecho y os seguiré llevando;
yo os sostendré y os liberaré." (Is 46,4)

1

Caminar
en la verdad

Envejecer con dignidad exige, antes que nada, "caminar en la verdad". No se puede vivir dignamente alimentando actitudes equivocadas, evitando la verdad o huyendo de nosotros mismos. Es la gran consigna de Jesus:

"Si os mantenéis fieles a mi Palabra,
seréis verdaderamente mis discípulos
y conoceréis la verdad
y la verdad os hará libres."
(Jn 8,31-32)

A mi juicio, los grupos de Vida Ascendente han de ayudar a sus miembros a escuchar el evangelio para aprender a vivir esta última etapa de la vida evitando posturas equivocadas y descubriendo con hondura la verdad última de la vida.

1. Algunas posturas equivocadas

Para vivir la vejez con dignidad, es importante evitar algunas posturas equivocadas que son explicables cuando se llega a una edad avanzada, pero que son negativas y dañosas. Señalaré las principales:

- Es un error no aceptar la realidad de la vejez. No querer asumir las limitaciones, el desgaste y las nuevas condiciones de vida propias de esta edad. Solo quien acepta las tareas, las actividades adecuadas y el ritmo de vida propio del mayor puede vivir dignamente su vejez.

- Es también un error apegarse al pasado y vivir de la nostalgia: antes, todo era bueno; ahora, casi todo está mal. Para envejecer con dignidad es necesario aprender a vivir de manera positiva el momento actual, valorando todo lo que hay de bueno y valioso en nuestros tiempos. Quien no ama estos tiempos no puede envejecer bien y de manera sana.

- Es una postura equivocada encerrarse en uno mismo cayendo en el aislamiento y la incomunicación. La automarginación es uno de los grandes enemigos de una vejez sana. Si la persona se aísla de los demás, será muy difícil que viva sus últimos años de manera positiva y digna.

■ Otro riesgo es caer en el endurecimiento. La persona mayor, al sentirse débil e insegura, puede tender a la autoafirmación, el endurecimiento, el dogmatismo o la intolerancia. Lo sabe todo, "está de vuelta" de todo, nadie le puede enseñar nada. Es difícil que esa persona envejezca con dignidad: en esa vida falta amor y ternura, y sobra endurecimiento, amargura y condena de los demás.

■ Es también un error huir de Dios. Llenar la vida de ocupaciones, actividades y diversiones para rehuir el encuentro con él. Es el riesgo de vivir una vejez frívola y superficial: estar siempre ocupado en algo, pasar de una cosa a otra, vivir distraído y entretenido para no entrar nunca dentro de sí mismo y escuchar con sinceridad la llamada de Dios. Desde una perspectiva cristiana, no es posible envejecer con dignidad de espaldas a Dios.

2. La verdad del final

La última etapa de la vida puede ser la gran oportunidad para un encuentro vivo y gozoso con Dios. En el atardecer de la vida brotan fácilmente las preguntas y constataciones sobre lo esencial: "¡Qué pronto ha pasado todo!", "¿Para qué he vivido?", "¿Qué sentido le he dado a mi vida?", "¿Cómo he caminado ante Dios?", "¿Qué me espera ahora?". No tiene sentido engañarnos por más tiempo. ¿Se puede envejecer con dignidad sin responder estas cuestiones?

Tal vez hemos pasado años bastante olvidados de Dios. Hemos trabajado mucho, hemos sacado adelante una familia, hemos sufrido y hemos gozado. Nos falta todavía algo importante para terminar bien nuestra peregrinación por este mundo: encontrarnos con un Dios Amigo para culminar nuestra vida.

Para envejecer con dignidad, no basta organizarnos bien la jubilación o aprender a vivir de manera inteligente, útil o divertida. Para el creyente es importante encontrarse con Dios. La vida no ha terminado. También el final sigue siendo vida. Pero la Vida es más que esta vida que se va acabando. Al final de todo está Dios.

Él nos ha acompañado a lo largo de esta vida, lo hayamos reconocido o no. Ahora nos espera al final como el Dios grande, misericordioso y eterno, que solo quiere para nosotros la vida plena.

Nada le puede ayudar más a un creyente a envejecer con dignidad que esta confianza grande en Dios. Lo decía san Agustín: "Nos hiciste, Señor, para ti, y nuestro corazón estará inquieto hasta que descanse en ti"[1].

El creyente va avanzando en años teniendo ante sí, no el final de esta vida, sino el encuentro gozoso y definitivo con Dios. No se limita a envejecer, defendiéndose como sea de la pena, del desconsuelo y la amargura. Según van pasando los años, en su corazón creyente va creciendo el recuerdo, la necesidad y el deseo de Dios. Esto es lo que le ayuda desde dentro a vivir con dignidad:

> "Yo siempre estaré contigo,
> tú agarras mi mano derecha,
> me guías según tus planes,
> y me llevas a un destino glorioso.

---

[1] San Agustín, *Confesiones*, 1, 1.

¿No te tengo a ti en el cielo?
Y contigo, ¿qué me importa la tierra?"
(Sal 73,23-25)

Cuánto pueden contribuir los grupos de Vida Ascendente a ayudar a las personas mayores a evitar posturas equivocadas ante la vejez y cuánto pueden estimular para un encuentro más creyente con Dios.

2

Orientar la vida de manera digna

Envejecer con dignidad exige dar a la vida una orientación y un contenido dignos. Solo señalaré dos aspectos: la necesidad de un proyecto de vida digna y el cultivo especial de algunos valores.

1. Proyecto de vida digna

El mayor error de la jubilación sería vivirla de forma vacía, sin un proyecto que le diera sentido. Vivir esta última etapa sin objetivos ni ideal alguno; pasar los años sin metas ni referencias, sin claves que puedan llenarla de vida y contenido auténtico. No basta decir: "Voy a cuidarme". Cuidarse sí, pero cuidarse ¿para qué? No basta declarar: "Por fin, liberado". Liberado sí, pero liberado ¿para qué? No basta pensar: "Ahora a vivir". Vivir sí, pero ¿vivir qué?, ¿vivir para qué?

No es el momento de concretar aquí cómo se hace un proyecto de vida para la vejez señalando las metas, las tareas y las aspiraciones propias de esta etapa de la vida. Solo recordaré algunos puntos para que ese proyecto de vida sea digno desde una perspectiva humana y cristiana.

Tal vez, lo primero es recordar que un proyecto de vida no ha de ser solo para organizar actividades, ocupaciones y compromisos sociales. Ni siquiera solo para cuidar la alimentación, el descanso o el ejercicio físico. Todo eso es importante y prioritario, pero la vida es mucho más. Hay que pensar también en cómo cuidar el espíritu y alimentar la vida interior durante estos años decisivos, sin caer en una vida vacía y superficial.

Es importante también ser "dueños del tiempo". No caer de nuevo en la agitación, el activismo y la dispersión, que pueden arrastrar una vez más a la persona fuera de sí misma. Y no dejar tampoco largos espacios de tiempo vacíos y estériles, que pueden conducir a la persona al aburrimiento y la atrofia de su creatividad.

Es conveniente, además, recordar que, en la última etapa de la vida, lo que más cuenta no es el hacer sino el ser. No importa "hacer mucho" sino "hacer bien" las cosas. Lo decisivo no es rendir, trabajar, ser eficaces, sino crecer como personas y como creyentes. El objetivo ahora no es prolongar un poco más nuestra vida activa de siempre sino vivir sabiamente el final.

Por último, en la vida de un creyente no puede faltar en esta etapa un tiempo dedicado a cuidar la fe y la comunicación con Dios. En la vejez hay momentos y situaciones en que nadie nos puede acompañar tan de cerca como Dios. Pensemos en cierto tipo de dolencias, enfermedades, depresiones, pérdida de seres queridos... Son muchas las personas que nos pueden ayudar y acompañar desde fuera, pero es decisivo no sentirse solo y desamparado interiormente. Saber que Dios nos acompaña sosteniendo nuestro aliento y dignidad.

2. Cultivo especial de algunos valores

A veces se olvida que las personas mayores están en mejores condiciones que otras para cultivar algunos valores humanos y cristianos, escasos en la sociedad actual, pero necesarios para vivir de manera digna y sana. Señalaré algunos.

De forma general, se puede decir que el mayor puede *vivir con más sabiduría y sensatez,* con más realismo y lucidez. Él conoce mejor que nadie cómo es la vida, lo que promete y lo que en realidad da. Este es el momento para relativizar muchas cosas a las que, tal vez, hemos dado demasiada importancia. El momento de cuidar lo valioso de la vida, lo que nunca querríamos perder: la paz interior, la salud, la dignidad, el amor de las personas, la esperanza.

La vejez puede ser también un *tiempo para cuidar la interioridad.* Van quedando atrás otras preocupaciones, trabajos y responsabilidades que nos han hecho vivir durante años desde el exterior. Ahora es el momento de "peregrinar al corazón" para encontrarnos con nosotros mismos y con Dios, para escuchar las aspiraciones y deseos más nobles que brotan de nuestro interior y para abrirnos a Dios, fuente y destino último de nuestro ser.

Otro valor por cultivar en la vejez es *la gratuidad y el servicio desinteresado*. La vida no es solo producción, trabajo y rentabilidad. En su misterio más hondo, la vida es regalo y don. No estamos hechos solo para trabajar. Hemos nacido para jugar, disfrutar, amar, crear, rezar, adorar. Por eso, la actividad y el servicio que pueda llevar a cabo en estos años la persona mayor no ha de estar motivada por el deseo de lucro y rentabilidad sino por la gratuidad y el desinterés de quien vive la vida desde el amor.

Otro valor de suma importancia en una vejez digna es *el ritmo sano de vida*. En la sociedad moderna no es fácil liberarse de la agitación, la prisa o la dispersión. Por lo general, la persona mayor tiene la posibilidad de organizarse su tiempo de forma más sensata, atendiendo a las verdaderas necesidades del ser humano. Es el momento de vivir más despacio, con más sosiego y calma, dedicando tiempo al contacto con la naturaleza, a la observación de la vida, a la tertulia relajada con los amigos, a la creatividad artística, a la meditación, a la ternura compartida con la pareja.

En medio de la sociedad hedonista actual dominada por el consumismo, el placer fácil del sexo, la droga, el alcohol y tantos otros estímulos y excitantes, la persona mayor puede descubrir poco a poco que *la vida contiene en sí misma fuentes de satisfacción* para vivirla con gozo: el amor compartido, la amistad, la paz de la conciencia, la serenidad...

Pero, además, puede *aprender a saborear la vida despacio*. Cada momento puede ser fuente de placeres sencillos que, tal vez, en otra edad pueden pasar más inadvertidos: el amanecer de un nuevo día, la lectura de un buen libro, el paseo reconfortante, la belleza de la música, el encanto de cada estación, el descanso del atardecer.

Estoy convencido de que grupos como Vida Ascendente pueden ofrecer a muchas personas mayores el mejor marco para orientar la vida de manera digna y para cultivar valores humanos y cristianos.

3

Vivir del perdón
de Dios

Uno de los motivos de turbación en los últimos años de la vida, lo digamos o no, puede ser el recuerdo del pasado y, más en concreto, el recuerdo de nuestro pecado y mediocridad. Nuestra vida no ha sido como nosotros hubiéramos querido. No hemos sabido vivir con dignidad. ¿Cómo envejecer ahora dignamente? Solo recordaré dos aspectos: el reconocimiento de nuestra indignidad y la acogida del perdón.

1. Reconocer el pecado

Lo primero es reconocer sinceramente nuestro pecado. Es la mejor manera de recuperar la dignidad desde la raíz. Llamar a las cosas por su nombre. Ante Dios no necesitamos defendernos ni disculparnos. Él conoce nuestro corazón. Él nos ama sin fin, tal como somos, aunque no cambiemos. Él nos comprende y perdona.

No hemos de deprimirnos por el peso de culpas pasadas. El remordimiento no es cristiano. La actitud cristiana es confesar humildemente el pecado, reconocerlo con pena, pero confiando totalmente en el perdón de Dios.

Para poder envejecer con paz y dignidad puede ser necesario reconocer también nuestro pecado ante personas a quienes hemos hecho daño. Puede ser el momento de pedir perdón a quienes hemos herido, rehacer de nuevo la amistad que se había roto, reconciliarnos con algún familiar. Es la mejor manera de recuperar la dignidad perdida y de sanar heridas, conflictos y recuerdos dolorosos del pasado.

2. Acoger el perdón de Dios

Una de las fuentes más importantes para vivir una vejez serena y digna es acoger el perdón de Dios. Pocas cosas pueden contribuir más a reconciliarnos con nosotros mismos y con la vida que esa experiencia del perdón.

Quiero recordar algo que a veces se olvida. El perdón de Dios no consiste simplemente en "olvidar" o "no tener en cuenta" el pecado. Para Dios perdonar es "quitar el pecado", hacerlo desaparecer, devolver la inocencia. El perdón de Dios es perdón total y absoluto, nuevo comienzo de todo, gracia que regenera la vida entera.

Aquí está la fuente de nuestra dignidad mientras vamos envejeciendo. La persona mayor que cree en el perdón de Dios sabe que nada le puede infundir tanta paz interior, tanto gozo y seguridad íntima ante el misterio de la muerte.

El creyente envejece con dignidad dejando el pasado con sus pecados y miserias en manos de ese Dios que es todo perdón y misericordia. Lo expresa bien la oración de este salmista ya anciano:

"Recuerda, Señor,
que tu ternura y tu misericordia
son eternas;
no te acuerdes de los pecados
ni de las culpas de mi juventud;
acuérdate de mí con misericordia,
por tu bondad, Señor...

Mírame, oh Dios,
y ten piedad de mí,
que estoy solo y afligido;
ensancha mi corazón oprimido...
Mira mis trabajos y penas
y perdona todos mis pecados."
(Sal 25,6-7.16-18)

Muchas veces, no son los pecados concretos los que turban a la persona, sino la mediocridad, la vida transcurrida en la medianía. No es fácil envejecer con dignidad cuando la persona se siente con las manos vacías. ¡Cuántas cosas han quedado a medias por nuestra cobardía, nuestro egoísmo o falta de generosidad!

Aquel famoso teólogo que fue Karl Rahner escribió en sus últimos años una oración que podría ser la de muchos de nosotros:

"¿En dónde podría yo refugiarme
con mi debilidad, con mi dejadez,
con mis ambigüedades e inquietudes...
sino en Ti, Dios de los pecadores comunes,
cotidianos, cobardes, corrientes?...
¿A quién podría huir sino a Ti?

¿Cómo podría soportarme a mí mismo,
si no supiera que Tú me soportas,
si no tuviera la experiencia
de que Tú eres bueno conmigo?...

Ten compasión de mí...
Soy pecador,
pero tengo un deseo humilde
de tu misericordia gratuita."[2]

Una oración de esta naturaleza nos ayudará siempre a envejecer con dignidad. A mi juicio, en los grupos de Vida Ascendente se debe crear este clima de confianza y de fe en el perdón de Dios, que puede reavivar en no pocos su dignidad, cualquiera que haya sido su pasado.

---

[2] K. RAHNER, *Oraciones de la vida*, Claretianas, Madrid 1989, 19.

4

Envejecer
dado gracias

La mejor manera de envejecer con dignidad es vivir esta fase de la vida en acción de gracias permanente, agradeciendo a Dios el regalo de la vida tal como ha sido, con sus horas hermosas y sus experiencias amargas. No han faltado sufrimientos, errores y pecado, pero, al final, lo importante ha sido la fidelidad y misericordia de Dios.

1. El recuerdo sano del pasado

Casi sin darse cuenta, la persona mayor comienza a recordar, revivir y comentar su pasado. Empieza a hacer una especie de balance de lo que ha sido su vida. En su interior se despiertan recuerdos de experiencias pasadas: trabajos y penas, logros y fracasos, gozos y sufrimientos, personas y acontecimientos.

Es muy importante recordar el pasado de manera sana y digna. No es bueno mirar hacia atrás para alimentar la nostalgia de lo que ya nunca volverá. Tampoco hace bien apenarse ahora por las oportunidades que no pudimos aprovechar.

Pueden también despertarse interrogantes peligrosos y sombríos: ¿Esto ha sido todo? ¿Por qué ha pasado todo tan pronto? ¿Qué puedo hacer ahora que mi vida va terminando? Es el momento de superar la nostalgia y los pensamientos negativos para adoptar la postura más sana y digna: la acción de gracias.

2. Vivir dando gracias

Lo decía Pablo VI en su meditación sobre el final de la vida: "Parece que la despedida deba expresarse en un acto grande y sencillo de reconocimiento digno de ser cantado con gozo y alegría".[3]

---

[3] Pablo VI, "Meditación ante la muerte", *L'Osservatore Romano* 12-08-1979.

Sin duda es la mejor manera de despedirse de este mundo: cantando nuestro agradecimiento a Dios.

Debemos mucho a personas, amigos y familiares que nos han acompañado y querido a lo largo de la vida. Hemos de saber agradecérselo. Pero ¿a quién agradecer la vida misma, el ser, el aliento que respiramos, la esperanza que nos sostiene si no es a Dios? No basta estar "agradecido a la vida" en abstracto. Es Dios quien está en el origen de la vida, como fuente de todo bien. De ahí nuestra alabanza y acción de gracias al Creador. ¿Se puede envejecer de manera más digna?

Hay un salmista que nos enseña cuál ha de ser nuestra actitud:

"Toda mi vida te bendeciré...
En el lecho me acuerdo de ti,
porque fuiste mi auxilio,
a la sombra de tus alas
canto con júbilo;
mi alma está unida a ti
y tu diestra me sostiene."
(Sal 63,5.7-9)

En el último tramo de la vida hemos de aprender a vivir, no en la amargura, la nostalgia o el pesimismo, sino en la alabanza y la acción de gracias. Así nos dice otro salmista:

"Alabaré al Señor mientras viva."
(Sal 145,2)

5

Vivir de manera sana los últimos años de nuestra vida

Mientras somos niños son nuestros padres los que cuidan de nuestra salud. Cuando tenemos cierta edad podemos cuidar ya de nuestra propia salud aunque no siempre lo hacemos. Pero el verdadero problema lo tenemos cuando llegamos a una edad avanzada y nuestro cuerpo comienza a deteriorarse y a empeorar.

A esta edad sabemos que el cuidado de nuestra salud depende en buena parte de nosotros. La salud hay que cuidarla y los verdaderos responsables de la salud somos nosotros, pero muchas veces no sabemos hacerlo. De ahí la importancia de que aprendamos a cuidarnos bien las personas que somos ya mayores.

1. Para llevar una vida sana en la etapa final de la vida

Mantenernos siempre físicamente activos

Dentro del funcionamiento neuronal, mantenernos físicamente activos es muy importante porque mejora la circulación de las neuronas al aportarles oxígeno.

Por eso es importante caminar todos los días mañana y tarde. Si es posible media hora u hora entera.

Tampoco es bueno estar dos horas sin levantarnos y movernos.

Mantenernos siempre mentalmente activos

El cerebro necesita estar siempre activo. Cuanto más trabaja, más se fortalece. Por el contrario, cuanto menos actúa, más pronto se apaga.

Por eso es bueno leer algo todos los días. Por ejemplo, podemos leer la prensa del día. Pero hemos de leer no de cualquier manera sino despacio, captando la realidad del momento. Yo, por ejemplo, leo diariamente la prensa local y El País y semanalmente la revista Vida Nueva.

Podemos también no olvidar el día en que vivimos, el número de mi teléfono personal, el documento nacional de identidad y, por supuesto, mi tarjeta individual sanitaria.

Vivir siempre relacionándonos con los demás sin aislarnos

Si queremos vivir de manera sana, hemos de ser unas personas sociales sin aislarnos de los demás.

Necesitamos que nos hablen y escuchar a los demás; necesitamos el cariño y los abrazos de nuestros familiares, de nuestros amigos y personas queridas. Necesitamos amar y ser amados.

El aislamiento social nos hace daño; reduce nuestra capacidad mental; acelera nuestro deterioro; acorta la esperanza de vida; aumenta el riesgo de padecer demencias.

Mantenernos siempre activos evitando el estrés

Hemos de aprender a no hacer las cosas de prisa, cuanto antes, ni hacer mil cosas a la vez.

Este modo de vivir con estrés puede llevarnos a la depresión, la ansiedad e incluso a sufrir un ictus.

Hemos de aprender a vivir con paciencia, con calma, con tranquilidad; caminando sin prisas; comiendo lentamente, saboreando lo que estamos comiendo.

Vivir activamente positivos para ser más felices

La felicidad es un estado mental que se puede cultivar, como han demostrado los estudios de muchos expertos.

Dar sentido a nuestra vida nos da paz interior, calma nuestra mente. Por ejemplo, hacer el bien nos hace felices.

Mantenernos activos nos hace bien. No hemos de caer en el sedentarismo. Estar sentados sin hacer nada termina haciéndonos mucho daño.

Aunque estemos en silencio podemos estar viviendo de manera activa. Por ejemplo, escuchando música clásica podemos relajar y descansar nuestro interior; contemplando un hermoso paisaje podemos serenarnos y sentirnos felices.

Tambien es importante sonreír. El sencillo hecho de sonreír nos hace sentirnos mejor. Sonreír mejora nuestro estado de ánimo. Según los expertos, el niño sonríe al día más de 400 veces. Los adultos solo de 30 a 40. Al parecer, la sonrisa disminuye la ansiedad, el estrés, la angustia. Hemos de sonreír todo lo que podamos. Además, haremos bien a los demás.

La importancia de estar delgados evitando la obesidad

Ser una persona obesa es perjudicial para todo organismo. Los obesos tienen muchas más enfermedades que los delgados. Y más todavía a medida que se van haciendo mayores.

Para mantenernos delgados hemos de evitar el consumo de grasas saturadas como manteca, mantequilla, queso, tocino, embutidos, etc.

Para no engordar es también muy bueno caminar. Si caminamos todos los días media hora, o mejor una hora, será la mejor manera de mantenernos delgados.

Mantenernos siempre tranquilos cuidando las horas de dormir

El sueño es importante para la salud. Es fundamental dormir para restablecer las funciones físicas, psicológicas y cerebrales del organismo. Lo que el cuerpo necesita en la mayoría de las personas son ocho horas.

¿Por qué es tan importante dormir? Como hoy saben los expertos, mientras nosotros dormimos, el cerebro hace una limpieza de los residuos del día que no están bien ordenados. Si le quitamos horas de sueño, el cerebro no tiene tiempo de limpiar nuestra mente y entonces esos residuos se van acumulando en las neuronas favoreciendo muchas veces una atrofia prematura.

Además, mientras dormimos, el cerebro va ordenando los recuerdos y las experiencias que hemos vivido durante el día. Si le quitamos horas de dormir le estamos impidiendo que nos recuerde bien lo que debemos de hacer en el nuevo día.

Al parecer hay otras funciones no bien conocidas. Algunos piensan que durante el sueño el cerebro va borrando los recuerdos desagradables.

Otros piensan que el sueño nos da fuerzas y energías para el día siguiente. Por eso hemos de dormir todo lo que necesite nuestro organismo.

Hemos de aprender a dormir bien. No dormir con ninguna luz pues el cerebro hace mejor su tarea en la oscuridad. Es bueno intentar acostarnos y levantarnos a la misma hora de siempre. A ser posible, dormir sin que haya ruido alguno. Acostarnos solo para dormir y no para ver la tele, ni para leer un libro, ni para oír la radio.

La importancia de la autoestima

La autoestima es el aprecio sano que tenemos por nosotros mismos. Si esta autoestima sana es sincera, nos llevará a querernos por ser como somos y no tanto por cómo nos hubiera gustado ser.

Ser queridos por los demás es mucho mas que un deseo, es una necesidad vital. Si gozamos de una sana autoestima, aceptaremos el aprecio de los demás desde el realismo y el agradecimiento.

Pero además hay algo muy importante. La autoestima nos lleva a preguntarnos: ¿Quién soy yo? ¿Quién creo que debería ser?

La importancia de dominar de manera sana nuestras emociones

Las emociones nos afectan para bien o para mal. Más de una vez no sabemos cómo reaccionar. Podemos decir que las emociones son todo aquello que sentimos y nos impresiona positiva o negativamente.

Podemos poner como ejemplo la tristeza o la alegría, la resignación o el pesimismo, la depresión o la confianza, la ternura o los celos…

No podemos evitar sentir tristeza o angustia en algún momento, pero sí podemos evitar que se apodere de nosotros y nos conduzca a la depresión. Podemos despertar en nosotros la alegría y apagar la tristeza; despertar en nosotros la seguridad y hacer desaparecer el miedo; despertar en nosotros la ternura y hacer desaparecer la rabia…

No pasa nada por estar triste un día, un mes o un año si hemos sufrido algo doloroso, como puede ser la pérdida de un ser querido. Lo que hemos de evitar es que esa emoción nos lleve a la tristeza y quede en nosotros para siempre.

2. Algunas sugerencias para afrontar como cristianos la etapa final de la vida

Vivir de manera sana los últimos años de nuestra vida desde una perspectiva cristiana

Dios mío, no me abandones ahora,
cuando ya no me pueden quedar

muchos años de vida.
Cuántos recuerdos
me vienen ahora a mi mente.
A lo largo de mi vida he sufrido,
pero también he disfrutado.
He hecho el bien,
pero también he cometido errores.

En estos momentos de mi vida,
en ¿quién puedo confiar?
Tu ternura es infinita.
Mi única esperanza eres Tú, Dios mío.
No me dejarás caer en la muerte.
Sé que me llevarás para disfrutar,
para siempre,
de tu misterio que es Bondad,
Amor y Misericordia.

Relacionarnos con Dios en diversos momentos de nuestra vida

Mientras esperamos que Dios nos lleve consigo para siempre podemos relacionarnos con Él en diversos momentos.

■ Para alabar a Dios

Te alabaré Dios mío de todo corazón.

Cantaré al Señor mientras viva.

Alabad a Dios porque es bueno.

¡Dios mío, qué bueno has sido conmigo!

■ Para dar gracias a Dios

Te doy gracias Señor de todo corazón.

Dios mío te doy gracias
porque escuchaste mi súplica.

Demos gracias a Dios
porque siempre es bueno con nosotros.

■ Para momentos difíciles

Dios mío, protégeme
que me refugio en ti.

Señor, ten piedad de mí,
que estoy solo y afligido.

Me van faltando las fuerzas,
no me abandones, Dios mío.
Estoy en peligro, Dios mío,
necesito que estes muy cerca de mí.

■ Para pedir perdón

Perdóname, Señor, mis culpas
que no son pocas.

Dios mío, confieso mi culpa,
me aflige mi pecado, perdóname.

Señor, tú no nos tratas
como merecen nuestros pecados.

Necesito que me perdones.

La oración en el silencio del corazón: "Ven, Señor Jesús"

Esta oración expresa nuestro deseo de acoger
en lo más hondo de nuestro corazón a Jesús:
"Ven, Señor Jesús".

■ Para hacer bien esta oración es bueno adoptar una postura muy sencilla. Nos sentamos

en una silla, con la espalda erguida, los pies bien asentados, las manos apoyadas sobre las rodillas y los ojos cerrados pero sin apretarlos.

- Antes de iniciar esta oración, en el silencio del corazón tomamos conciencia de que vamos a dedicar media hora a invocar: "Ven, Señor Jesús".

- Durante los primeros minutos respiramos lentamente con cierta profundidad mientras repetimos interiormente la invocación "Ven, Señor Jesús".

- Luego vamos pasando de manera natural a respirar suavemente sin esfuerzo alguno.

- Si nos parece oportuno podemos variar nuestra oración.

He aquí algunos ejemplos:

Ven, Señor Jesús
y ten compasión de mí.

Ven, Señor Jesús
y dame tu paz.

Ven, Señor Jesús
y lléname de tu amor.

Ven, Señor Jesús
y aumenta mi fe.

Ven, Señor Jesús,
tú sabes que te quiero.

Ven, Señor Jesús,
tú me llevarás junto al Padre
a la vida eterna.

6

Culminar la vida en la esperanza

Es el último punto que quiero subrayar y que da un sentido definitivo a todo lo que venimos diciendo: culminar la vida enraizados en la esperanza.

1. La dignidad del final

El desgaste, las dolencias y el cansancio mismo de la vida le hacen experimentar a la persona mayor la debilidad propia de la criatura. Somos seres finitos y frágiles. La impotencia y la debilidad de los últimos años dejan vislumbrar dónde está nuestra única salvación.

¿Para que servirían todos nuestros esfuerzos y toda nuestra reflexión sobre un envejecimiento digno si todo terminara en la muerte? Dios es el único en quien nos podemos apoyar. Ahora más que nunca él es nuestra esperanza.

Dos salmistas lo expresan bien. Uno de ellos dice así:

"Mi vida se gasta en el dolor…
mi vigor decae con las penas…
y todo me da miedo…
Pero yo confío en el Señor.
Te digo: «Tú eres mi Dios»…
Sálvame por tu misericordia."
(Sal 31,11.14.15.17)

El otro salmista habla en estos términos:

"Tú, Dios mío,
fuiste mi esperanza
y mi confianza, Señor,
desde mi juventud…
Siempre he confiado en Ti…
No me rechaces ahora, en la vejez,
pues me van faltando las fuerzas." (Sal 71,5-6.9)

En los últimos años, la vejez se convierte en un recuerdo permanente de que la vida tiene un término. La persona de edad muy avanzada lo sabe. La vida va declinando. La muerte se va haciendo cada vez más presente. Van desapareciendo familiares y seres queridos. El cuerpo se debilita cada vez más. No está lejos el final.

Las reacciones en ese momento pueden ser diversas. Hay quienes se agarran angustiados a la vida que se escapa. Algunos tratan de distraerse ignorando lo que cada vez está más cerca. Otros viven mirando solo al pasado. La actitud del verdadero creyente es mantener la paz y la serenidad con la esperanza puesta en Dios. Es la actitud de este creyente al final de su vida:

> "Señor, me concediste un palmo de vida,
> mis días no son nada ante ti;
> el hombre no dura más que un soplo,
> el hombre pasa como una sombra...
> Y ahora, Señor, ¿qué me queda?
> Mi esperanza eres Tú."
> (Sal 39,5-8)

2. La esperanza en Dios

Los últimos años pueden ser preciosos. La muerte nos ha de encontrar vivos, con el corazón agradecido, levantado hacia Dios y con nuestra confianza puesta totalmente en él. Después de haber hecho tantas cosas, ahora nos queda lo más importante: abandonarnos confiadamente al misterio de Dios. Nadie nos puede acompañar en ese tránsito a la vida eterna. En nadie nos podemos apoyar, ni siquiera en nosotros mismos. Al final, solo Dios salva.

Según el gran biblista, Luis Alonso Schökel, "como hay una llamada para vivir, hay una llamada para morir. También morir puede ser una vocación".[4]

Los últimos años son para el creyente un tiempo para escuchar con paz esa llamada cada día más cercana: "Entra en el gozo de tu Señor" (Mt 25,21). En el corazón del creyente va creciendo la esperanza y también el deseo de Dios. Es el momento de vivir lo que expresan salmos como estos:

"Yo, por tu gran bondad,
entraré en tu casa." (Sal 5,8)

"No me entregarás a la muerte...
Me enseñarás el sendero de la vida,
me colmarás de gozo en tu presencia,

---

[4] L. ALONSO SCHÖKEL, *Esperanza. Meditaciones bíblicas para la Tercera Edad*, Sal Terrae, Santander 1992, 14.

de alegría perpetua a tu derecha."
(Sal 16,10-11)

"Al despertar,
me saciaré de tu semblante."
(Sal 17,15).

Índice